COMPAGNIE

DES

MINES DE HOUILLE DE MARLES

CONSULTATION

DE

NOURRISSONS

ET

Goutte de lait

TOURS
* IMPRIMERIE *
A. MAME ET FILS
1904

COMPAGNIE DES MINES DE HOUILLE

DE MARLES

(PAS-DE-CALAIS)

COMPAGNIE DES MINES DE HOUILLE

DE MARLES

(PAS-DE-CALAIS)

—▷—★—◁—

CONSULTATION

DE NOURRISSONS

ET

GOUTTE DE LAIT

—┼—★—┼—

TOURS

IMPRIMERIE A. MAME ET FILS

—

1904

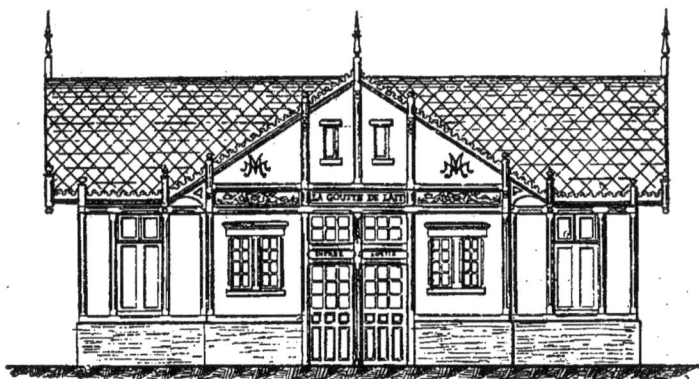

CONSULTATION DE NOURRISSONS

GOUTTE DE LAIT

————— ⊹ —————

La question de la dépopulation de la France, qui sollicite depuis longtemps l'attention des pouvoirs publics, trouve l'une de ses principales solutions dans la diminution des décès chez les enfants.

Le nombre des naissances dans notre pays n'est malheureusement pas en progression bien sensible, et ce n'est qu'en luttant contre la mortalité infantile que nous pourrons compenser partiellement l'insuffisance de la natalité, qui nous met chaque jour davantage en état d'infériorité vis-à-vis des autres nations de l'Europe.

Il meurt chaque année, en France, plus de 150,000 enfants de 0 à un an et 20 % environ du chiffre des naissances.

Sur 100 décès il y en a approximativement :

10 parmi les enfants élevés au sein par leur mère,

20 chez ceux élevés au biberon également par leur mère,

30 parmi ceux qui sont élevés au sein par des nourrices loin de la mère, et

40 chez ceux qui sont élevés au biberon par des mercenaires.

Ces chiffres démontrent nettement que rien ne peut suppléer à l'allaitement par la mère, et que la mortalité est encore moindre parmi les enfants élevés au biberon par leur mère que parmi ceux qui sont élevés au sein, mais qui sont privés de la surveillance de la famille.

Il convient donc de permettre à la mère qui ne peut nourrir son enfant au sein, ou qui n'a qu'un lait insuffisant, de le nourrir artificiellement ou de compléter son allaitement dans les meilleures conditions hygiéniques possibles.

Parmi toutes les œuvres créées pour diminuer la mortalité infantile se placent au premier rang les " Gouttes de Lait ".

Une " Goutte de Lait " a pour but de fournir, aux mères qui ne peuvent allaiter leur enfant au sein, du lait de bonne qualité ayant été préalablement pasteurisé.

Pour l'alimentation des enfants il faut du bon lait, mais cela ne suffit pas ; c'est une condition nécessaire, mais ce n'est pas une condition suffisante ; car si le lait pur est indispensable pour arriver à doser scientifiquement le régime alimentaire de l'enfant, sa parfaite conservation est une condition hygiénique de l'allaitement plus indispensable encore.

Ce qui tue les enfants, ce n'est pas tant l'alimentation insuffisante que la suralimentation et surtout l'altération du lait engendrant la gastro-entérite qui fait tant de ravages parmi les nouveau-nés.

Cette altération, qui se produit entre le moment de la traite et celui où le lait est donné à l'enfant, est causée par des fermentations variées dues à des microbes d'espèces très diverses.

C'est pour éviter cette altération que l'on pasteurise le lait dans la bouteille même où l'enfant doit le prendre, et qui au moment du repas est aisément transformée en biberon par la simple adaptation d'une tétine facilement stérilisable.

Par la pasteurisation, le lait est porté à une température de 75°, puis refroidi brusquement.

La température de 75°, suffisante pour détruire les germes les plus dangereux renfermés dans le lait, ne saurait modifier sa constitution chimique. Le lait pasteurisé reste le lait naturel; il en conserve les qualités, l'aspect et la saveur. Ce n'est nullement le produit nouveau qui résulte de la stérilisation à 100/106°, et dans lequel les matières albuminoïdes et les lécithines ont été décomposées, les zymases détruites, les phosphates précipités, et dont les propriétés nutritives et digestives sont considérablement diminuées.

Il est d'expérience que les spirilles du choléra, très fragiles, meurent à 58°; les bacilles de la fièvre typhoïde à 60°, et ceux de la tuberculose à 68°. En portant le lait à la température de 75°, on détruit donc absolument ces microbes sans altérer cependant la nature du lait, et en conservant intactes les cymases ou ferments solubles nécessaires à la digestion.

Après la destruction des micro-organismes susceptibles d'altérer le lait, il reste cependant leurs germes ou spores extrêmement vivaces, et qui résistent à des températures de 100, 110 et même 120°.

Ces spores, que ni la pasteurisation simple ni même la stérilisation à 100° ne sauraient détruire, et qui se revivifient à une température favorable de 25 à 32°, sont rendus inoffensifs par l'engourdissement où les plonge le passage brusque de la température de 75° de chaleur à celle de 12 à 14° de froid.

Le lait ainsi traité peut se conserver sans altération, à la seule condition d'être maintenu à une température inférieure à 15°, dans le but d'empêcher la revivification des spores neutralisés par le refroidissement brusque du liquide.

***

La " Goutte de Lait ", qui assure à l'enfant un aliment pur, serait cependant imparfaite si elle n'était complétée par la " Consultation de nourrissons " qui en est même la base.

Par la " Consultation " le médecin peut suivre le développement de l'enfant, rechercher les causes d'un recul ou d'un arrêt dans sa croissance, régler son alimentation suivant son état, enfin donner à la mère des conseils sur les précautions à prendre dans l'alimentation et sur l'hygiène à observer tant pour elle que pour son enfant.

Le médecin qui examine un enfant au moins une fois par semaine peut le suivre, pour ainsi dire, pas à pas et parer de bonne heure et plus efficacement aux affections qui pourraient se déclarer chez lui. Au contraire, lorsque l'enfant est abandonné aux seuls soins plus ou moins vigilants d'une mère ignorante, occupée ou négligente, on le présente au médecin seulement lorsque la maladie a rendu son ministère indispensable, pour ne pas dire inutile dans bien des cas.

Suivant la nature de l'enfant, son âge, la plus ou moins grande délicatesse de son estomac, la proportion dans laquelle l'allaitement maternel intervient dans sa nourriture, le médecin détermine le nombre et la contenance des biberons à donner par jour, ainsi que le degré de dilution du lait; celui-ci, souvent trop riche en caséine, devant dans certains cas être coupé d'eau.

Ainsi se trouve prévenue la suralimentation, ce travers si grave dans ses conséquences qu'ont les mères en général, celles de la classe ouvrière en particulier. Un enfant pleure? Pour le calmer, on lui donne le sein ou le biberon sans s'occuper des quantités qu'il absorbe et sans tenir compte du temps nécessaire à la digestion, ni de la densité souvent trop forte du lait. Heureux encore quand, sous prétexte de développer plus rapidement un enfant, on ne lui donne pas de la soupe dès les premiers mois et de la viande à un an!

C'est la suralimentation, unie à d'autres causes infectieuses, qui détermine la gastro-entérite, la plus commune

*

des maladies de la première enfance, qui à elle seule cause dans le Nord 52 % et dans le Pas-de-Calais 33 % des décès chez les enfants de 0 à 1 an.

Cette terrible pourvoyeuse de la mortalité infantile est presque annihilée, et les autres maladies de l'enfance très efficacement combattues par les œuvres combinées de la " Consultation de Nourrissons " et de la " Goutte de Lait ".

La Compagnie des Mines de Marles, désireuse de s'associer au mouvement qui anime le monde savant dans la lutte contre la mortalité infantile, a créé à Auchel une " Consultation de Nourrissons " complétée par une " Goutte de Lait ".

Cette œuvre, d'une portée considérable dans ses résultats, fonctionne en annexe du service de l'Hôpital. A cet effet, un pavillon sera construit à Auchel au centre de la population ouvrière de la Compagnie, et aux abords même de l'Hôpital.

Ce pavillon figure actuellement à l'Exposition du Nord de la France à Arras. (Provisoirement, le service de la " Consultation de Nourrissons " et de la " Goutte de Lait " est assuré dans une maison particulière affectée à cet usage.)

On pénètre dans le pavillon par un large vestibule donnant accès dans la salle d'attente [1]. Cette salle mesure

---

[1] La moitié seulement de la salle d'attente figure à l'Exposition d'Arras.

18 mètres de longueur sur 6 mètres de largeur. Elle est divisée dans le sens de sa longueur par un banc double à dossier commun, surmontée de tablettes à claire-voie, ayant une certaine analogie avec les banquettes des compartiments de chemins de fer. C'est sur ce banc que prennent place les mères de famille venant à la consultation, et sur les tablettes qu'elles déposent les vêtements de leurs enfants.

Le long des parois latérales de la salle d'attente, des emplacements sont ménagés pour recevoir les voitures d'enfants. Celles-ci sont rangées perpendiculairement au mur, vis-à-vis de la place qu'occupe sur le banc la personne à qui elles appartiennent.

A gauche, en entrant dans la salle d'attente, se trouve le cabinet de consultation, précédé de la salle de pesage; à droite, le laboratoire de pasteurisation et le guichet de distribution du lait.

La salle d'attente et les autres pièces du pavillon reçoivent à profusion l'air et la lumière par de grandes fenêtres; elles sont chauffées par le moyen de radiateurs entretenant une température constante de 18 à 20°, suffisante pour que les enfants déshabillés ne se refroidissent pas.

En outre de l'aération intense qui précède et qui suit chaque consultation, les différentes salles du Pavillon sont fréquemment lavées et désinfectées, afin d'entretenir le local dans un parfait état d'asepsie.

PLAN DU PAVILLON DE LA "GOUTTE DE LAIT"

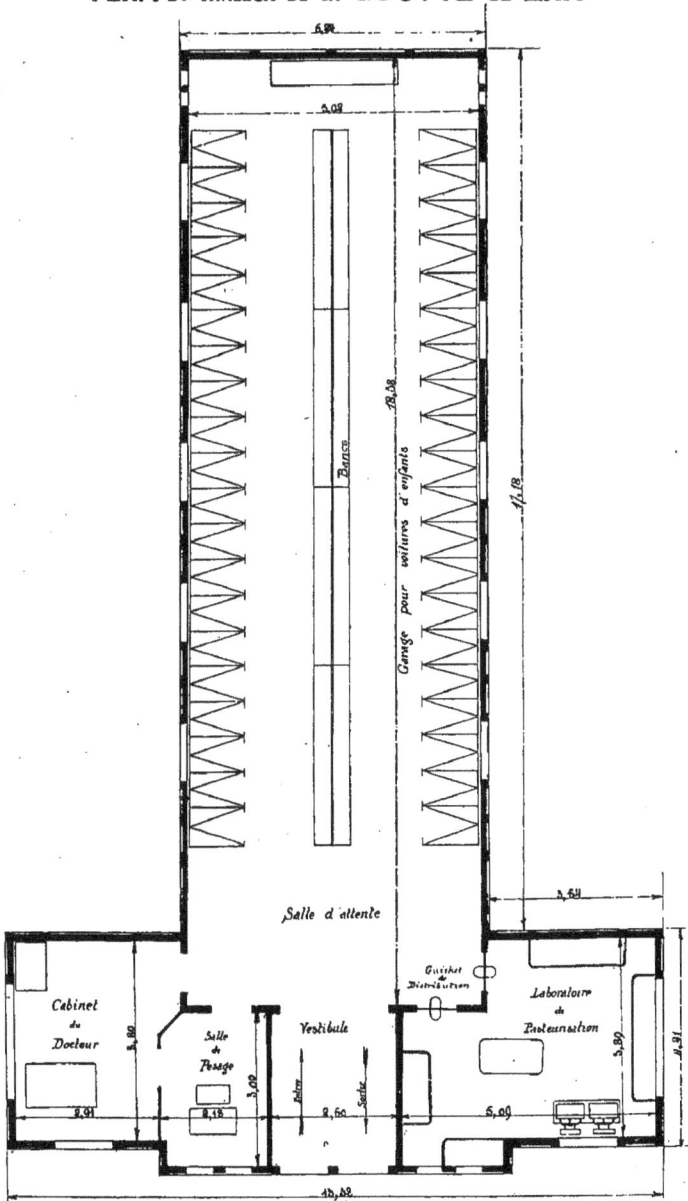

Banco

Garage pour voitures d'enfants

Salle d'attente

Guichet
de
Distribution

Cabinet
du
Docteur

Salle
de
Pesage

Vestibule

Laboratoire
de
Pasteurisation

***

La Consultation de Nourrissons a lieu, à Auchel, le mercredi de chaque semaine, de 9 heures à midi. Elle est obligatoire pour donner droit à l'assistance par la " Goutte de Lait ". En effet, bien des mères qui négligeraient trop facilement de présenter régulièrement leur enfant à la consultation, sous prétexte qu'elles peuvent le nourrir, sont tenues par cette considération de l'assistance gratuite pour le jour où, par suite de l'insuffisance de leur lait ou de tout autre motif, elles devraient y avoir recours.

Comme le dit fort bien le docteur Ausset, toutes les " Gouttes de Lait " doivent trouver leur base essentielle dans la consultation hebdomadaire.

Cette consultation de chaque semaine est indispensable; sans elle l'œuvre n'a plus sa raison d'être, et une Consultation de Nourrissons où l'on ne donnerait que des conseils sans distribuer du lait serait infiniment préférable à une œuvre où l'on distribuerait du lait aux mères sans leur donner le moindre conseil. Dans ce dernier cas, on irait tout droit à la suppression de l'allaitement maternel, ce qui serait désastreux, en dehors des accidents qui surviendraient par la mauvaise administration d'un lait si bon soit-il.

Les mères s'habituent très vite à ces visites périodiques; la plupart d'entre elles y viennent même avec plaisir. Toutes s'intéressent à la progression du poids de leurs enfants, et il s'établit entre elles sur ce point une émulation véritablement remarquable. Il suffit d'avoir assisté à une seule de ces séances pour se rendre compte des résultats moraux qu'on obtient chez elles, en dehors des résultats matériels obtenus pour leurs enfants.

*
* *

En arrivant à la consultation, chaque mère prend place sur le banc de la salle d'attente et déshabille son enfant.

Son tour venu, elle pénètre dans la salle de pesage; le bébé est pesé nu, et la personne chargée de ce service remet à la mère une note indiquant le poids du nourrisson.

La mère passe ensuite dans le cabinet du médecin; elle lui présente son enfant et lui remet la note du poids.

Il est établi pour chaque enfant une fiche portant un numéro d'ordre, le nom et l'adresse des parents, la date de la naissance et le sexe de l'enfant, le mode d'allaitement et les premières observations du médecin. Sur cette fiche sont mentionnés : la date des visites, le poids de l'enfant, la différence entre les pesées, la quantité de lait fournie par la " Goutte de Lait " et toutes les observations subséquentes du médecin.

Après avoir constaté le poids de l'enfant, le médecin le compare avec celui précédemment inscrit sur la fiche. Il examine ensuite le bébé, et si la différence de poids lui paraît anormale, ou bien s'il observe quelques symptômes de maladie, il interroge la mère sur l'état de son enfant pendant la semaine écoulée, et recherche les irrégularités ou les imprudences qui auraient pu être commises dans l'alimentation. Il lui donne alors des conseils, lui indique ce qu'elle doit faire et ce qu'elle doit éviter et prescrit, s'il y a lieu, les remèdes nécessaires ou les correctifs à apporter au régime alimentaire.

Si l'enfant doit participer à la " Goutte de Lait ", le médecin inscrit sur la fiche les quantités de lait à lui donner chaque jour et remet à la mère une carte au vu de laquelle le lait lui sera servi pendant la semaine suivante.

Pendant ce temps, un aide inscrit sur un registre spécial les observations du médecin ainsi que les quantités de lait à servir et le nom des personnes qui doivent les recevoir. Ce registre sert à préparer le nombre de biberons et la quantité de lait par biberon qui seront nécessaires chaque jour.

Le service de la " Goutte de Lait " fonctionne, aux Mines de Marles, tous les jours de 9 heures à midi.

Le lait fourni est d'excellente qualité; il est examiné chaque jour au lacto-densimètre et au crémomètre; de plus, le médecin en fait faire de temps à autre l'analyse complète.

Le lait fraîchement trait est pasteurisé dès son arrivée à la " Goutte de Lait ".

La Compagnie des Mines de Marles a adopté pour la pasteurisation du lait le procédé Contant comme lui paraissant le plus pratique, le plus rapide, en même temps que le plus exact.

Dès sa réception, le lait est préalablement brassé dans un récipient spécial dans le but d'y incorporer la crème, qui aurait pu se séparer depuis le moment de la traite. Il est ensuite réparti, suivant les indications du médecin, dans les divers biberons.

Les biberons Contant, construits en verre spécial susceptible de résister au passage brusque de la température de 75° à celle de 12°, sont munis d'une fermeture hermétique disposée de telle sorte qu'elle ne gêne en rien l'adaptation ultérieure d'une tétine.

Les biberons garnis de lait sont placés dans des paniers en fil de fer très ingénieusement conçus et déposés dans des bacs à pasteurisation.

Ces bacs ou " cantines " sont en fer et chauffés par des fourneaux à alcool. Les bacs et par suite les paniers auxquels ils correspondent peuvent contenir, suivant la grandeur des biberons : 30 biberons de 150 grammes, 27 de 200 grammes ou 20 de 250 grammes.

On place dans les cantines la quantité d'eau suffisante pour que les biberons, préalablement débouchés, soient enveloppés complètement par la vapeur sans toutefois baigner dans l'eau.

Cette couche d'eau est amenée à l'ébullition en quelques minutes. Le chauffage du lait se fait donc seulement par l'action de la vapeur, et en 10 minutes il se trouve porté à une température de 75 à 78°.

On retire alors le panier de la cantine, et, après avoir fermé les biberons, on le plonge incontinent dans un bac rempli d'eau froide. La température du lait descend brusquement de 75/78° à la température de l'eau, et le lait, après immersion de 5 minutes, se trouve *pasteurisé*. Il suffit alors de le maintenir à la température de 12 à 14° pour le conserver intact, au moins pendant 48 heures, avec son aspect, sa saveur et toutes ses qualités.

Cette opération a lieu à la " Goutte de Lait " le matin avant 9 heures, heure à laquelle commence la distribution des biberons. Celle-ci se fait dans de petits paniers en fil de fer pouvant contenir chacun 7 flacons. Les paniers et les biberons sont numérotés de telle façon que chaque assistée reçoit toujours les mêmes. De la sorte disparaît l'appréhension que pourraient avoir certaines mères de famille à se servir de biberons ayant pu être en usage chez des personnes plus ou moins soigneuses.

Chaque assistée a deux séries de paniers et de biberons : l'une en service chez elle, et l'autre à la " Goutte de Lait ". La plus grande propreté est exigée pour les biberons vides rendus, qui sont néanmoins nettoyés avec le plus grand soin.

Pendant les chaleurs de l'été, afin que le lait refroidi ne s'échauffe pas dans le parcours de la " Goutte de Lait " au domicile de l'assistée, les paniers garnis de biberons pleins sont enveloppés d'une serviette et plongés dans l'eau froide au moment où ils sont distribués. L'humidité de la serviette, en entretenant pendant tout le parcours une atmosphère de fraîcheur autour des biberons, empêche l'échauffement du lait.

Rentrées chez elles, les mères doivent tenir les bouteilles dans un récipient d'eau froide et dans un local frais.

Chaque mère reçoit, au moment de son inscription, le matériel nécessaire pour le nettoyage des biberons et pour le réchauffage du lait, ainsi que des tétines système " Tutélaire " à bouton aérifère.

Quand elle doit donner le biberon à son enfant, elle met 100 grammes d'eau dans le réchauffoir, porte cette eau à l'ébullition et y plonge le flacon dans son panier qui le maintient au milieu de la vapeur d'eau. Au bout de deux minutes le lait est à 37°, température normale du lait maternel à laquelle le lait pasteurisé doit être donné aux enfants.

La " Consultation de Nourrissons " et la " Goutte de Lait " des Mines de Marles ont été inaugurées le 7 décembre 1903, par M. Duréault, préfet du Pas-de-Calais. Elles fonctionnaient cependant à titre provisoire depuis le 25 novembre précédent.

Ces œuvres sont placées sous la direction médicale de M. le docteur Hernu, médecin en chef de l'Hôpital des Mines de Marles, éminemment compétent dans tout ce qui a trait à la protection de l'enfance, à laquelle il s'est adonné avec un dévouement sans limites.

A la date de l'ouverture, il y avait 204 mères de famille inscrites à la " Consultation ", et 18 d'entre elles étaient assistées par la " Goutte de Lait ", les 186 autres pouvant nourrir leurs enfants au sein.

Ces chiffres se sont accrus progressivement dans la suite :

au 31 Décembre, on comptait 239 inscrites et 38 assistées;
au 31 Janvier,   —   269   —   51   —
au 29 Février,   —   294   —   63   —
au 31 Mars,   —   326   —   75   —
au 30 Avril,   —   347   —   76   —
au 31 Mai,   —   372   —   78   —

La consommation du lait pendant la même période a
été de :

    65 litres en Novembre (pour 6 jours).
   703   —   Décembre,
   996   —   Janvier,
 1317   —   Février,
 1859   —   Mars,
 1868   —   Avril,
 2123   —   Mai.

Au 31 mai, le nombre de biberons distribués par jour
était de 517.

Depuis l'ouverture, c'est-à-dire pendant une période de
six mois, onze décès seulement ont été constatés parmi
les enfants assistés : trois sont morts de broncho-pneu-
monie, deux de méningite, un de convulsions, deux de
la rougeole, un de débilité congénitale, et deux, nés
de parents tuberculeux, ont succombé peu de jours
après leur naissance. Or il est à noter qu'à son début
" la Goutte de Lait " a pris en charge tous les enfants
malingres ou rendus malades par une alimentation anté-
rieure défectueuse, mauvaise ou mal ordonnée.

Enfin, pendant la période de six mois considérée, pas
un seul cas de gastro-entérite n'a été constaté parmi les
enfants assistés à la " Goutte de Lait ".

Ce résultat prouve suffisamment l'efficacité de l'œuvre
établie par la Compagnie des Mines de Marles, œuvre

á la fois humanitaire et sociale qui, — on le constate avec satisfaction, — se développe sensiblement dans les centres populeux de la région industrielle du nord de la France.

31581. — Tours, impr. Mame.

177

TOURS
Imprimerie
Mame

31581